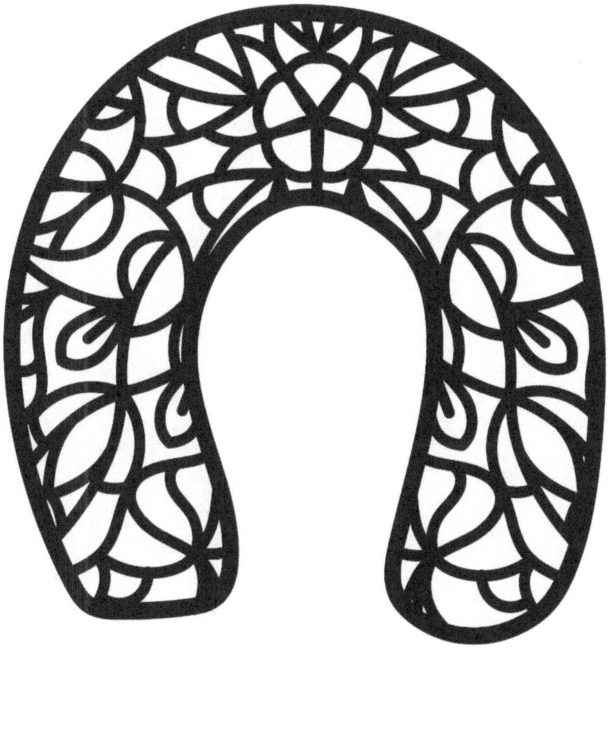

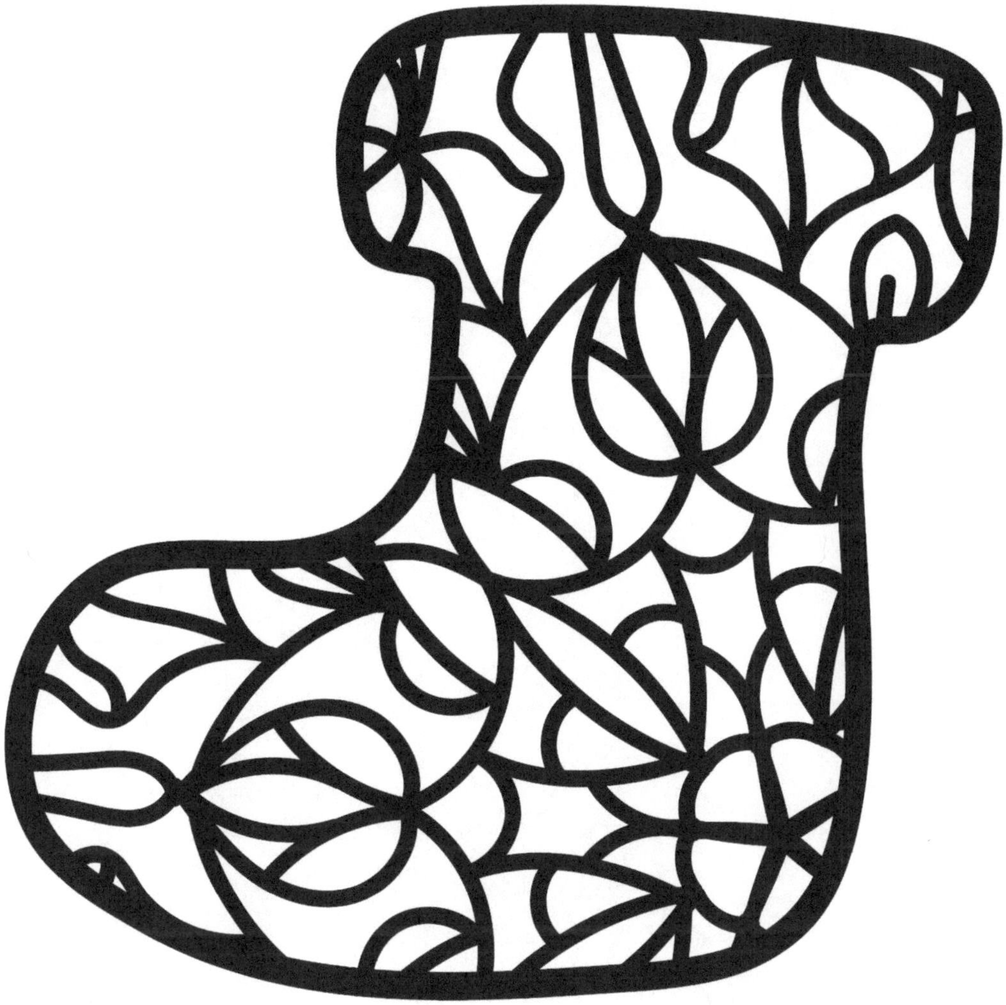

Christmas
Christmas
Christmas
Christmas
Christmas
Christmas
Christmas
Christmas
Christmas
Christmas
Christmas
Christmas

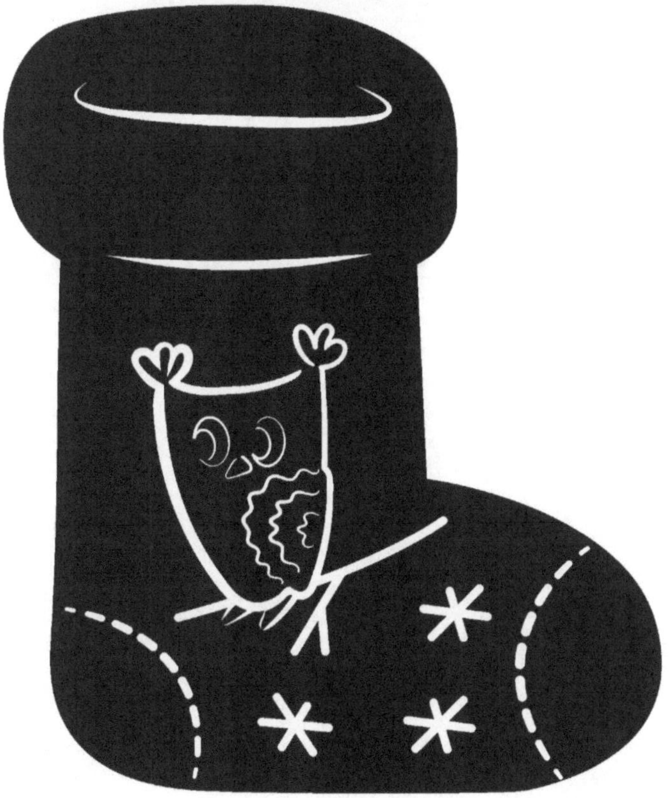

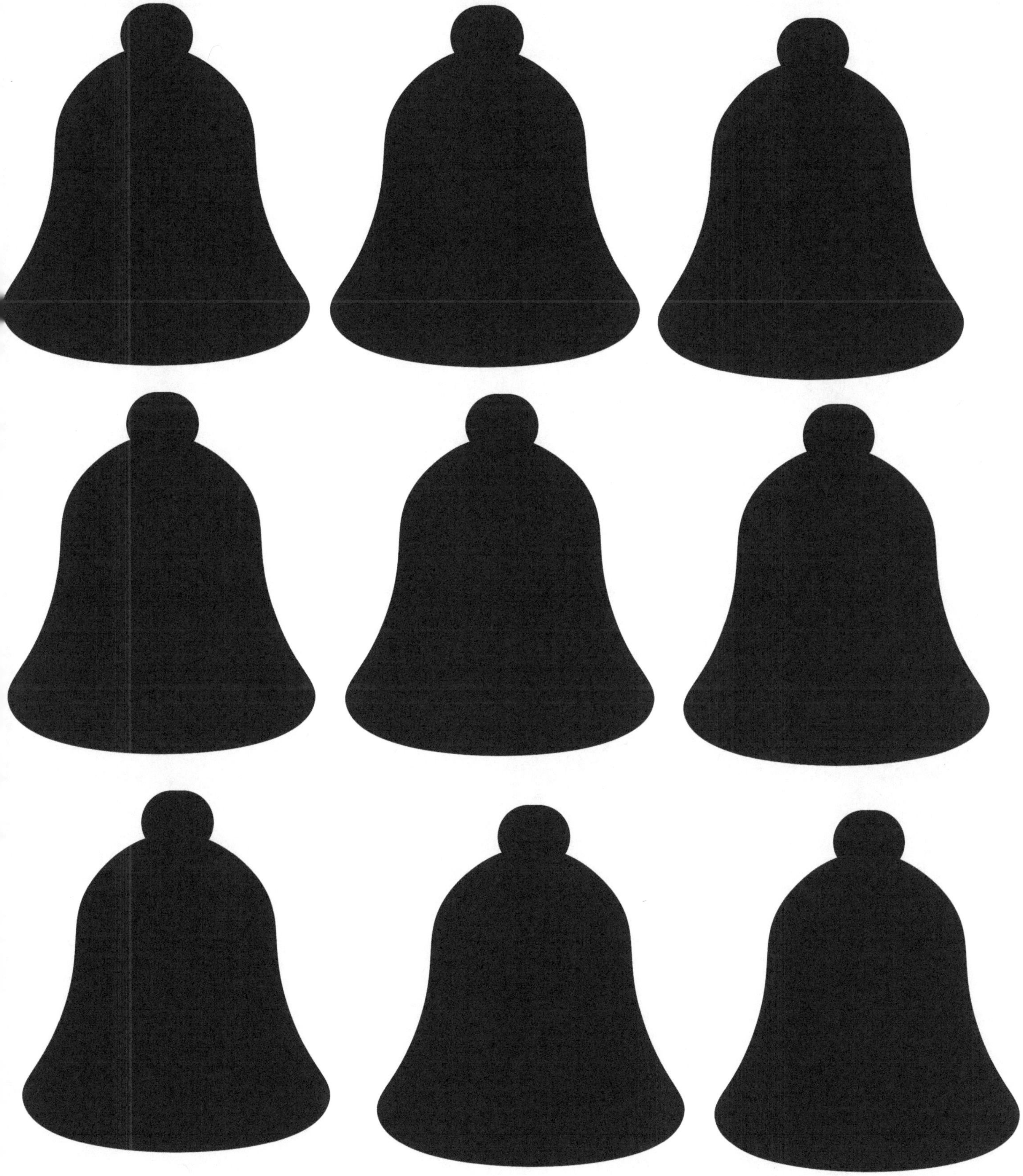

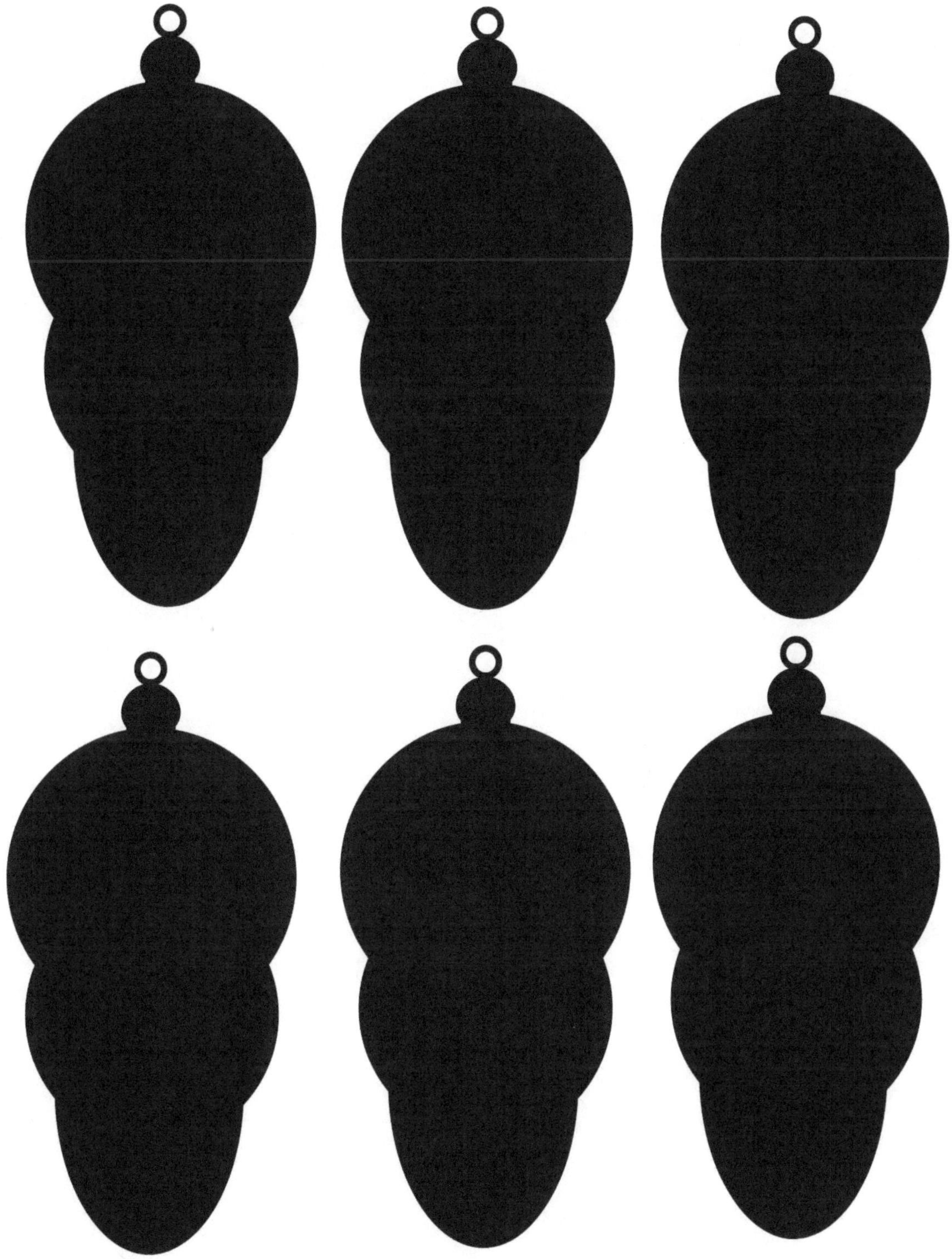

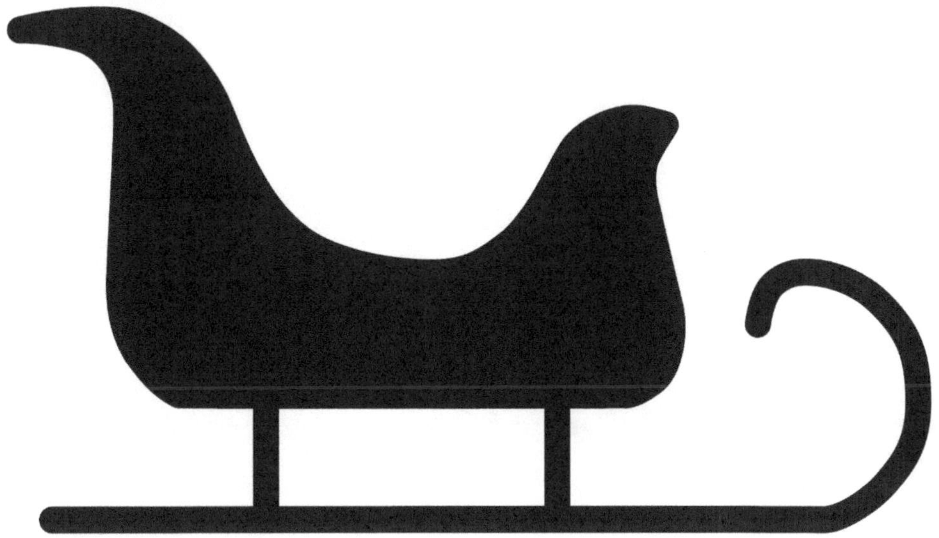

JOY
LOVE
FAMILY
HEALTH
DREAMS
CHILDREN
HAPPINESS

JOY
LOVE
FAMILY
HEALTH
DREAMS
CHILDREN
HAPPINESS

Made in United States
Troutdale, OR
07/27/2024

21576411R00097